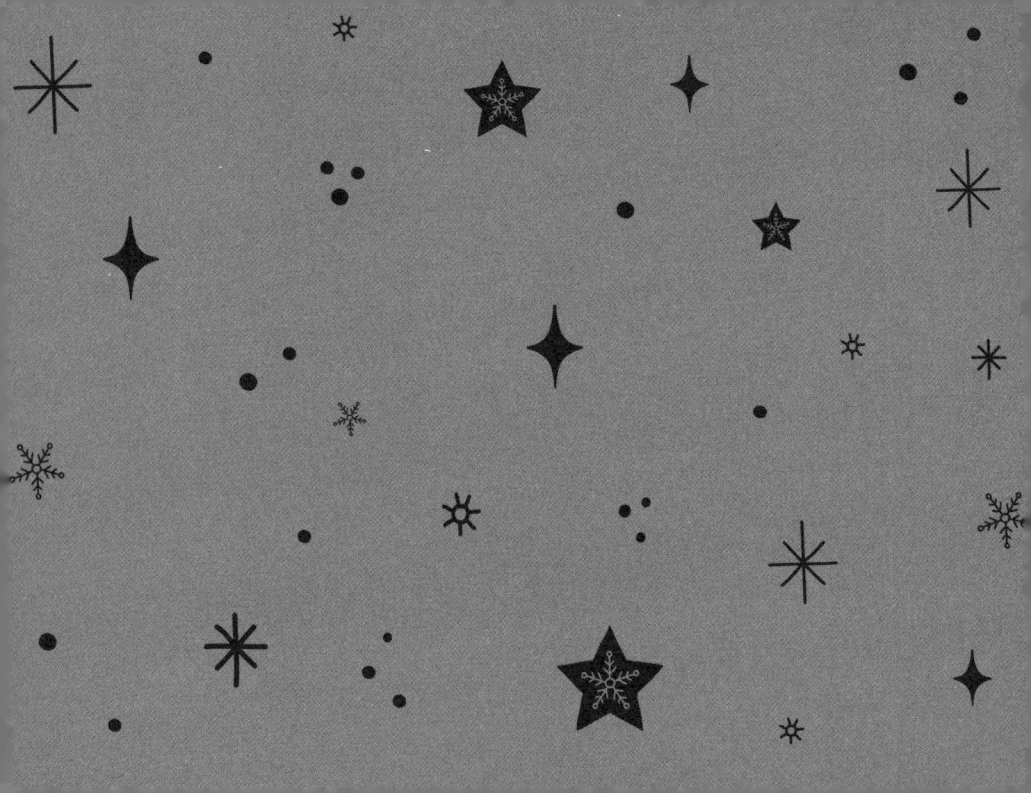

Ronald Pierre Schweppe | Aljoscha Long

Ronald Pierre Schweppe | Aljoscha Long

24 Meditationen

FÜR DEN ADVENT

Entspannt und achtsam durch die Weihnachtszeit

mvgverlag

Einführung

Seit jeher ist der Advent die Zeit, die sich besonders gut eignet, um sich zu besinnen, Belastendes loszulassen und sich mit der Kraft der Ruhe tief im eigenen Herzen zu verbinden. Mit diesem Buch wollen wir dich einladen, während des Advents gut für dich selbst zu sorgen und wieder ganz in deine Mitte zu kommen, statt dich in den Strudel der vorweihnachtlichen Hektik hineinziehen zu lassen.

Achtsamkeit und Meditation sind bewährte Heilmittel gegen Stress, Unruhe und Ängste. Mit den 24 kleinen Meditationen und Anregungen für mehr Achtsamkeit und Stille wird es dir leicht gelingen, zwischendurch innezuhalten, zur Ruhe zu kommen und innere Klarheit zu gewinnen.

Öffne an jedem Adventstag eine Seite und lass dich zu mehr Achtsamkeit und Lebensfreude verführen. Nimm dir im Laufe des Tages etwas Zeit für dich selbst. Jeder achtsam erlebte Augenblick, den du nutzt, um dich zu *be-sinnen*, wird deine Tage mit *Sinn* erfüllen und dich darauf vorbereiten, die Weihnachtszeit achtsam und entspannt genießen zu können.

Wir wünschen dir eine friedvolle, inspirierende Adventszeit

Ronald Schweppe, Aljoscha Long

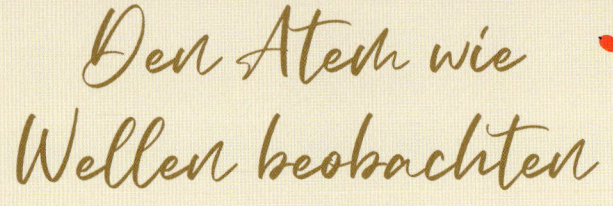

Den Atem wie Wellen beobachten

Setze oder lege dich bequem hin und schließe deine Augen. Du bist hier und jetzt, in diesem Moment. Richte deine Aufmerksamkeit nun für ein paar Minuten auf deinen Atem. Lass den Atem dabei einfach kommen und gehen, ohne etwas ändern oder beeinflussen zu wollen.

Ganz egal, ob dein Atem gerade schnell oder langsam geht, ob er tief oder flach ist oder ob er ungleichmäßig oder rhythmisch fließt – es ist gut, so wie es ist. Bleibe einfach entspannt mit deiner Achtsamkeit dabei.

Beobachte das Ein- und Ausströmen deines Atems in deine Brust oder in deinen Bauch, so als wären die Atemzüge Wellen auf dem Ozean, die kommen und gehen.

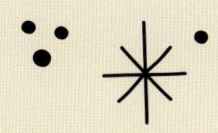

Dein Atem ist immer im Hier und Jetzt.
Wann immer du ihn achtsam beobachtest,
bist du im Kontakt
mit dem Wunder der Gegenwart.
Nutze den Atem, um bei dir selbst zu bleiben.

Begegne dir selbst mit einem Lächeln.
Begegne anderen Menschen mit einem Lächeln.
Begegne der ganzen Welt mit einem Lächeln –
einem Lächeln,
das tief aus deinem Herzen kommt.

———

Aus dem Herzen lächeln

Du kannst diese Meditation für dich allein zu Hause oder aber auch mitten im Alltag üben. Entspanne zuerst deine Schultern, dann entspanne dein Gesicht, vor allem deine Stirn und all die kleinen Muskeln um deine Augen. Atme zunächst ganz tief durch den Mund aus und zaubere dann ein sanftes Lächeln auf deine Lippen. Lächle dabei jedoch nicht nur mit dem Mund, sondern lass dein Lächeln auch durch deine Augen hindurch strahlen.

Erfülle dein ganzes Wesen mit einem sanften Lächeln. Lächle deinem Herzen zu und lass das Lächeln dann von deinem Herzen aus in die Welt strahlen.

Verbinde dich auf diese Weise mit der Quelle der Zuneigung in dir.

Vergiss nie, dein Leben zu genießen.
Öffne dich für die Schönheit –
für die Farben, Klänge und Düfte um dich herum.
Je öfter du deine Sinnlichkeit weckst,
desto mehr wirst du spüren,
dass du lebendig und voller Energie bist.

———————

Die Duftmeditation

Jeder Duft wirkt sich anders auf deine Seele aus. Wähle heute ein Aroma, das dir hilft, dich zu entspannen und zur Ruhe zu kommen. Gib dazu einige wenige Tropfen ätherisches Öl, wie zum Beispiel Orange, Melisse, Rosenholz oder Vanille, in ein mit etwas Wasser gefülltes Duftschälchen. Du kannst natürlich auch ein entspannend wirkendes Räucherstäbchen oder eine Duftkerze anzünden.

Schließe dann deine Augen, lass dein Denken zur Ruhe kommen und richte deine Achtsamkeit ganz auf das Riechen.

Tauche tief in das Aroma ein und beobachte, wie der Duft sich auf deine Gefühle und deine Stimmung auswirkt.

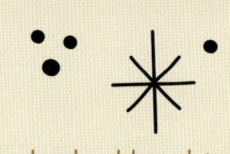

Immer wenn du dankbar bist, erfährst du Fülle,
statt Mangel zu empfinden.
Du beginnst das, was du hast, wertzuschätzen,
statt über das nachzudenken, was dir fehlt.
Dankbarkeit verbindet dich mit deinem
inneren Reichtum und lässt deine Sorgen und Nöte
sehr klein erscheinen.

———————

Dankbar im Jetzt sein

Dankbarkeit ist ein guter und bewährter Weg zum Glück.
Warte damit nicht zu lange, denn Gründe dafür, dankbar zu sein, gibt es immer.
Zum Beispiel jetzt, in diesem Augenblick.

Nimm dir etwas Zeit, dich einmal umzusehen. Finde heraus,
wofür du genau jetzt dankbar sein kannst. Achte auf alles Schöne,
das du sehen, hören oder fühlen kannst. Was schenkt dir in diesem Moment
Sicherheit, Freude oder Wohlbehagen? Was ist gerade gut?
Öffne dich für das Geheimnis der Dankbarkeit.

Wenn du all die Dinge, für die du in diesem Augenblick dankbar sein kannst,
auf einem Blatt Papier notierst, wirst du dich später leichter an sie erinnern.

Vergeben ist eine Form des Loslassens und
Loslassen befreit dich davon, altes und überflüssiges
Gepäck aus der Vergangenheit mit dir herumzutragen.
Vergib dir selbst, vergib anderen,
und du wirst frei sein.

—

Ein Ritual des Vergebens

Nimm ein leeres Blatt Papier zur Hand, setze dich mit geschlossenen Augen entspannt hin und tauche in deine Erinnerungen ein. Denke an jemanden, mit dem du Schwierigkeiten hattest. Kannst du die Wut, die Empörung noch einmal spüren? Öffne dann die Augen und schreibe alles auf, was du diesem Menschen vorwirfst, was dich enttäuscht oder geärgert hat.

Falte das Blatt nun klein zusammen und zünde es an. Lass es in einer feuerfesten Schale verbrennen. Lenke deine Aufmerksamkeit ganz auf das Feuer der Vergebung und lass los, was gewesen ist.

Mach dir bewusst: Was immer du festhältst, hält auch dich fest, und was immer du loslässt, lässt auch dich los.

Herrscht in deinem Kopf viel Unruhe? Glaubst du manchmal, dass das Leben voller Probleme ist? Dann wechsle die Perspektive. Lass dein Denken los und verbinde dich mit der Kraft des Jetzt.

———————

Mit drei Schritten ins Jetzt

Nutze den heutigen Tag, um immer wieder einmal
ganz in der Gegenwart anzukommen.

1. Schritt: Beobachte jeweils, was du gerade tust.
Frage dich einfach: »Was tue ich jetzt gerade?«

2. Schritt: Beantworte die Frage – zum Beispiel:
»Ich trinke gerade Tee.« oder »Ich lese gerade.«.

3. Schritt: Lenke deine Achtsamkeit ganz auf das, was du tust und sage dir
dabei innerlich folgende Formel: »Ich trinke gerade Tee. Tee trinken ist mehr
als genug.« oder »Ich lese gerade. Lesen ist mehr als genug.«.

Mach dir bewusst, dass das, was immer du gerade tust, vollkommen ausreicht
und dass jedes Tun es dir ermöglicht, im Jetzt zu leben.

Ein einfacher Weg, um mehr innere Ruhe
und Gelassenheit zu erfahren, besteht darin,
den Körper vollkommen still zu halten.
Kommt der Körper ganz zur Ruhe, so folgt ihm früher
oder später auch der Geist.

———

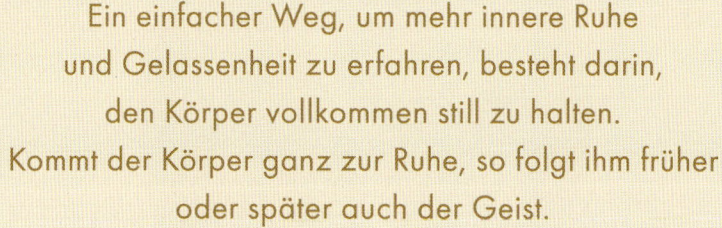

Die Bergmeditation

Setz dich aufrecht und entspannt hin und schließe die Augen.
Bleibe nun für einige Minuten vollkommen reglos sitzen.
Spüre deinen Atem, spüre deinen Körper und mach dir bewusst,
dass du vom Boden getragen wirst.

Stell dir jetzt einen mächtigen Berg vor – den aufragenden Gipfel,
vielleicht Schnee oder Wälder auf den unteren Hängen.
Wie sieht dein »Lieblingsberg« aus?
Werde in deiner Vorstellung selbst zu diesem Berg.

Verbinde dich mit der Kraft der Unerschütterlichkeit und der Stärke und
beobachte, wie du dadurch allmählich ruhiger und selbstbewusster wirst.

Ständig sind wir von Geräuschen umgeben,
doch meist bemerken wir sie kaum.
Achtsames Lauschen verbindet dich mit der Gegenwart,
denn Klänge sind immer im Hier und Jetzt.
Entspanne dich tief in die Klänge hinein,
aber lausche nicht nur mit den Ohren,
sondern auch mit dem Herzen.

————————

Lauschen als Meditation

Diese Meditation kannst du nicht nur zu Hause, sondern beispielsweise auch im Zug, im Café oder im Park ausführen. Schließe die Augen, wenn das gerade möglich ist, entspanne deinen Körper und richte deine Achtsamkeit ganz auf das Hören.

Egal, welche Geräusche du gerade wahrnehmen kannst – ob Autos, Vögel, Musik oder das Summen des Kühlschranks –, öffne dich für alle Klänge, ohne sie zu bewerten oder zu analysieren. Lass alles Urteilen los.

Lass die Klänge stattdessen einfach kommen und gehen und lass dich von ihnen ins Jetzt tragen.

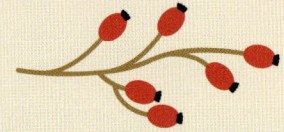

Ständig haben wir so viele Dinge zu erledigen,
sind in Eile und kommen niemals wirklich zur Ruhe.
Wäre nicht die Adventszeit genau die richtige Zeit,
um ab und zu »Stopp« zu sagen und einmal ganz
und gar nichts zu tun?

———————

Die Kunst des Nichtstuns

Nimm dir heute oder in den nächsten Tagen etwas Zeit, um einmal ganz und gar nichts zu tun. Setze oder lege dich bequem hin, schließe die Augen und dann stelle jedes Tun ein. Lauf nicht herum, telefoniere nicht, lies nicht, leg dein Handy weg, lass den Dingen einfach ihren Lauf.

Ruh dich aus, grüble nicht und entspanne Körper und Seele. Gib dir die Erlaubnis, vollkommen untätig zu sein. Nur wenn dein Körper entspannt ist, werden auch deine Gedanken und Gefühle zur Ruhe kommen.

Du musst nichts tun und es genügen schon wenige Minuten, um die heilsamen Wirkungen des Nichtstuns zu erfahren.

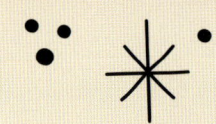

Das Licht des Himmels ist in dir.
Du findest es nicht im Außen, denn es strahlt
tief in deiner Seele.
Wenn du dich ihm zuwendest und es hütest,
wird es dich auch durch die
dunkelsten Zeiten führen.

———————

Kerzenmeditation

Stelle eine schöne Kerze so auf, dass sie etwa einen Meter entfernt von dir in Augenhöhe steht. Zünde die Kerze an und setze dich mit halb geöffneten Augen davor. Achte darauf, dass du aufrecht sitzt, zugleich aber alle unnötigen Spannungen im Gesicht und in den Schultern loslässt.

Schaue entspannt in die Flamme der Kerze. Streng deine Augen nicht an, sondern lass deinen Blick weich und offen sein. Wann immer ablenkende Gedanken auftauchen und du das bemerkst, solltest du dich wieder auf die Kerze konzentrieren ... immer und immer wieder.

Lass das Licht der Flamme auf dich wirken.

Mit dem Herzen siehst du mehr.
Willst du den Sinn deines Lebens erkennen und
herausfinden, worin deine wirkliche Aufgabe im Leben
besteht, dann höre nicht zu sehr auf deinen Kopf,
sondern lausche der Stimme in deinem Herzen.

———————

Verbinde dich mit der Kraft deines Herzens

Nimm dir für diese Meditation mindestens zehn Minuten Zeit. Du kannst sie im Sitzen oder Liegen ausführen. Schließe die Augen, lass alle Anspannung los und lass auch deine Gedanken langsam zur Ruhe kommen.

Lenke deine Aufmerksamkeit jetzt auf die Mitte deiner Brust. Visualisiere eine strahlende, warme Sonne in deiner Brustmitte. Stell dir vor, wie diese Sonne mit jedem Atemzug größer wird. Nimm Kontakt zu deinem spirituellen Herzen auf, aber arbeite dabei nicht mit deiner Willens-, sondern nur mit deiner Vorstellungskraft.

Stell dir vor, wie sich die Kraft der Liebe in deinem Herzen sammelt und wie du sie dann auch in die Welt strahlen lässt.

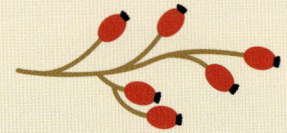

Wenn du nicht schwimmen kannst,
kannst du niemanden vor dem Ertrinken retten.
Wenn du dich selbst nicht liebst, kannst du auch niemand
anderem deine Liebe schenken.

————————

Selbstliebe üben

Setze dich aufrecht und entspannt hin, schließe die Augen und lass deinen Atem allmählich etwas langsamer und tiefer werden. Lege deine Handflächen auf deine Herzgegend und sprich dann innerlich folgenden Satz in deinem Atemrhythmus:

Einatmend denkst du: »Möge ich« und mit einer sanften Ausatmung denkst du: »glücklich und geborgen« sein.

Wiederhole diesen Satz während der ganzen Dauer der Meditation immer wieder in deinem Atemrhythmus. Lächle dir dabei innerlich zu. Schenke dir selbst Freundlichkeit und Mitgefühl und lass das Mantra »Möge ich glücklich und geborgen sein« auf diese Weise immer tiefer in dein Bewusstsein eindringen.

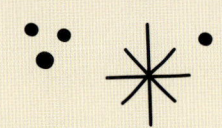
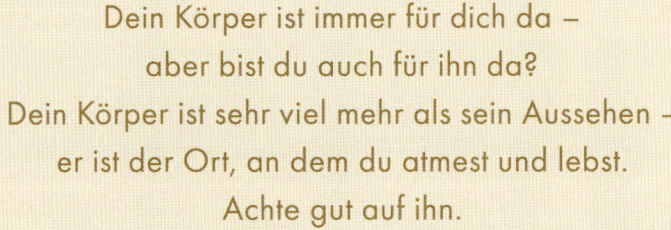

Dein Körper ist immer für dich da –
aber bist du auch für ihn da?
Dein Körper ist sehr viel mehr als sein Aussehen –
er ist der Ort, an dem du atmest und lebst.
Achte gut auf ihn.

———————

Im Körper zu Hause sein

Ob im Liegen oder im Sitzen – mache es dir bequem und schließe deine Augen.
Richte deine Achtsamkeit dann auf deinen Körper.
Nimm deine Haltung wahr, so wie du gerade sitzt oder liegst.
Achte darauf, ob deine Muskeln unnötig angespannt sind. Wandere dann mit
deiner Vorstellung durch den ganzen Körper. Spüre von oben nach unten Kopf,
Schultern, Brust, Bauch, Arme und Hände und gehe dann von den Hüften
über die Ober- und Unterschenkel bis zu den Füßen.

Spüre jeden Teil deines Körpers. Achte auf Körperempfindungen wie Kälte, Wärme,
Kribbeln, An- oder Entspannung und andere Wahrnehmungen. Lass jedoch alles so
sein, wie es ist und komme einfach nur ganz in deinem Körper an.

Worte haben große Macht. Die Worte,
die du verwendest, beeinflussen deine Gefühle und
Stimmungen – gleichgültig, ob du sie nun sprichst
oder nur denkst.
Nutze die Kraft der Worte,
um dein Leben zu verzaubern.

_____

Ich bin Frieden

Führe diese Meditation möglichst im Sitzen durch. Nimm eine aufrechte Haltung ein, doch entspanne zugleich Gesicht, Schultern, Hände und Bauch. Beobachte einige Atemzüge lang, wie dein Atem sanft kommt und geht. Verbinde deinen Atem dann mit einem einfachen Satz. Bei jedem Einatmen sagst du dir innerlich: »Ich bin ...« und beim Ausatmen denkst du jedes Mal: »FRIE – DEN«.

Wiederhole das während der ganzen Dauer der Meditation: »Ich bin ... FRIEDEN.« Denke die Worte jedoch nicht wie einen Befehl, sondern freundlich und sanft. Lass den Satz mit deinem Atem fließen und entspanne dich von Atemzug zu Atemzug immer tiefer.

Auch wenn im Außen großes Chaos herrscht und
wir glauben, dass alles falsch läuft – auf einer höheren
Ebene jenseits der Erscheinungen ist alles in bester
Ordnung, ist alles gut.
Vertraue dem Universum – es weiß, was es tut.

———————

Es ist in Ordnung

Der Advent ist die ideale Zeit, um loszulassen. Gib jegliche Kontrolle auf. Ob auf dem Meditationskissen oder im Alltag – übe radikale Akzeptanz. Dinge, die du nicht ändern kannst – und dazu gehören sowohl Menschen als auch die meisten Situationen –, solltest du loslassen.

Wenn du Widerstand in dir spürst, dann stelle dir eine einfache Frage: »Was genau kann ich in diesem Moment nicht akzeptieren?« Atme dann einmal tief durch und denke: »Es ist in Ordnung. Auch das darf sein.«

Verändere deine Perspektive – schalte von »Festhalten« auf »Loslassen«. Vertraue darauf, dass alles einen Sinn hat, auch wenn er nicht immer leicht zu erkennen ist.

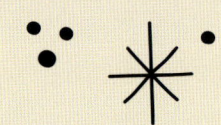

Durch die Macht deines Geistes kannst du
jederzeit auf deine Seeleninsel reisen,
um neue Energie zu tanken.
Schließe dazu einfach die Augen und tauche
tief in die Bilder deiner Fantasie ein ...

———————

Fantasiereise: Im Wald

Fantasiereisen sind eine besondere Form der Meditation,
bei denen du innere Welten erschaffst. Sollte dir das anfangs schwerfallen,
ist das ganz normal. Doch mit etwas Übung wird es immer leichter
zu visualisieren.

Lege dich am besten bequem hin und schließe die Augen.
Entspanne deinen Körper und stelle dir dann vor, wie du durch einen
wunderschönen Wald spazieren gehst.

Visualisiere die unterschiedlichen Bäume, den Moosweg und den Waldboden.
Stelle dir den Duft des Waldes vor und lausche dem Gesang der Vögel.

Tauche tief in dieses Bild ein und genieße es, in diesem großen Wald,
diesem Ort der Geborgenheit und Ruhe zu sein.

Lass dein Mitgefühl in die Welt strahlen.
Begegne jedem Menschen offen und freundlich.
Je liebevoller und wertschätzender du mit der
äußeren Welt umgehst, desto unbedeutender werden
deine Probleme, deine Ängste, deine Sorgen und
deine Selbstzweifel.

———————

Mitgefühl in die Welt strahlen lassen

Setze dich aufrecht und entspannt hin. Schließe die Augen, lege deine Hände auf die Brustmitte und nimm Kontakt zur Kraft deines Herzens auf. Lass deinen Atem frei strömen und komme allmählich ganz im Jetzt an.

Verbinde dich zunächst mit dir selbst und denke mehrmals den Satz: »Möge ich glücklich und geborgen sein.«. Schenke dir selbst Mitgefühl und lächle dir innerlich zu. Geh dann einen Schritt weiter und lass die Liebe aus deinem Herzen zu allen Menschen und allen Lebewesen strömen. Wiederhole dazu innerlich immer wieder den Satz: »Mögen alle Wesen glücklich und geborgen sein.«

Die Dinge sind, wie sie sind.
Die Menschen und Umstände sind, wie sie sind.
Es gibt nicht viel, was du daran ändern kannst.
Doch eine entscheidende Sache kannst du
immer tun, um glücklich zu sein:
Lass los ...

———————————

Atemmeditation
»Loslassen«

Durch deinen Atem kannst du deine Stimmung und deinen Gemütszustand schnell verändern. Die folgende Meditation lässt sich fast überall und jederzeit ausführen. Atme dabei möglichst durch die Nase.

Nach einigen entspannten Atemzügen beginnst du mit der eigentlichen Technik. Atme dazu vier Sekunden lang ein und acht Sekunden lang aus. Du kannst auch eine andere Dauer wählen, doch das Ausatmen sollte dabei immer doppelt so lang wie das Einatmen sein. Atme möglichst sanft und leise und nutze jedes Ausatmen, um Belastungen und Anspannungen loszulassen.

Zähle einatmend langsam bis vier, atme dann auf acht aus und denke dabei das Wort »Loslassen«.

Oft übersehen wir die Schönheit in unserem Leben,
weil sie sich nur in den kleinen Dingen zeigt. Erinnere dich
regelmäßig an alles, wofür du dankbar sein kannst, denn
dadurch weitet sich dein Blick für alles Wunderbare,
das dir Tag für Tag begegnet.

———————

Dankbarkeit am Abend

Für diese meditative Reflexion eignet sich die Zeit kurz vor
dem Schlafengehen besonders gut. Nimm einen Notizblock,
schließe die Augen und erinnere dich an all die Dinge, die heute gut waren.
Führe eine Tagesrückschau durch. Oft sind es nur Kleinigkeiten, doch auch
für sie können wir dankbar sein – dafür, dass wir jemand Netten getroffen haben,
dass die Sonne schien, unser Frühstück geschmeckt hat oder
dass wir in Sicherheit leben.

Öffne die Augen und schreibe fünf Dinge auf deinen Block, für die du heute
dankbar bist. Je öfter du diese Übung machst, desto mehr Lebensfreude wirst du
erfahren, da du lernst, deine Augen für das Schöne zu öffnen.

Selbst die Dunkelheit der ganzen Welt vermag es nicht,
das Licht einer kleinen Kerze zu löschen.
Wie viel weniger vermögen es die dunklen Zeiten
im Leben, das strahlende Licht in
deinem Herzen zu löschen.

———————

Licht aufnehmen

Du kannst diese Meditation im Sitzen oder Liegen ausführen.
Lass deinen Körper und die Gedanken ein wenig zur Ruhe kommen.
Lenke deine Aufmerksamkeit dann auf deine Atmung.

Stell dir vor, wie du beim Einatmen Licht und Energie aufnimmst.
Du kannst dazu eine kleine Sonne visualisieren, die über deinem Kopf schwebt.
Einatmend strahlt das Licht in deinen Kopf und von dort aus in die Brust und
weiter in den ganzen Körper. Atme aus und entspanne dich. Einatmend nimmst
du wieder Licht auf, das sich in all deinen Organen und Zellen verteilt.

Spüre, wie das Licht von Atemzug zu Atemzug allmählich sowohl in
deinen Körper als auch in deine Seele fließt.

Klarheit, Glück, Gelassenheit und
Unerschütterlichkeit – sie alle entstehen aus der Ruhe.
Ruhe ist immer der erste Schritt.
Die Kraft der Ruhe, die du nur in dir selbst finden kannst,
schenkt dir in guten Zeiten Freude und
in schweren Zeiten Kraft.

———————

Ganz zur Ruhe kommen

Setze dich aufrecht und entspannt hin und schließe die Augen.
Spüre deinen Körper und komm ganz in der Gegenwart an.
Richte deine Konzentration dann auf das Strömen deines Atems entlang
der Nasenflügel oder in der Nase.

Konzentriere dich auf den kleinen Bereich, an dem du deinen
Atemstrom am besten spüren kannst. Achte aufmerksam auf das Ein- und
Ausströmen des Atems an dieser Stelle.

Wenn Gedanken oder Gefühle auftauchen, dann lass dich von ihnen
nicht mitreißen. Komm stattdessen immer wieder zum Atem zurück.
Spüre, wie der Atem allmählich ruhiger wird und wie auch dein Körper sich
dadurch immer mehr entspannen kann.

Lass Ruhe in deinem Geist entstehen.

In jedem Augenblick deines Lebens wirst du
von der Erde getragen.
Verbinde dich achtsam mit dem tragenden Grund,
gib alle Belastungen an die Erde ab, indem du dich dem
Getragensein bewusst anvertraust.

———————

Mit der Erde verwurzelt sein

Suche dir einen ruhigen Ort in der Natur, zum Beispiel im Wald.
Du kannst die Meditation aber auch zu Hause durchführen.

Stelle dich aufrecht hin, die Füße hüftbreit auseinander.

Lenke deine Aufmerksamkeit in deine Fußsohlen. Spüre die Berührung mit
dem Boden und nimm innerlich Kontakt zur Erde auf. Stell dir die Erde als ein
strahlendes Energiefeld vor. Lass den Atem ruhig fließen und stell dir vor,
wie aus deinen Fußsohlen Wurzeln tief in die Erde wachsen.

Spüre die natürliche Schwere deines Körpers und visualisiere,
wie du dich immer mehr mit der Erde verwurzelst. Entspanne dich und
lass die Gedanken kommen und gehen, ohne sie festzuhalten.

Je ruhiger der Körper wird,
desto leichter kann sich auch der Kopf entspannen.
Stress und Hektik lassen sich auflösen, indem du
alle Körperbewegungen ruhig, harmonisch und
ohne Eile ausführst.

————————

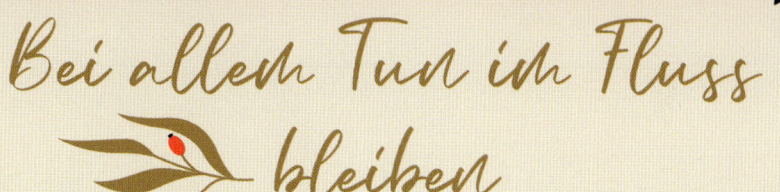

Bei allem Tun im Fluss bleiben

Versuche heute bei allem, was du tust, Ruhe zu bewahren.
Bewege dich bei jeder Handlung geschmeidig und lass jede Bewegung zu
einer sanften Meditation werden.

Wenn du gehst, dann gehe langsam und geschmeidig, als wärest du eine Katze.
Sei dir jeder Bewegung deines Körpers bewusst, ganz gleich, ob du dich hinsetzt,
dich hinlegst oder aufstehst, ob beim Zähneputzen, beim Radfahren oder beim
Essen und Trinken. Lass nicht zu, dass die Pferde mit dir durchgehen.

Wenn du bemerkst, dass deine Körperbewegungen hektisch werden, dann atme
einmal tief durch und beruhige dich selbst, indem du dir innerlich sagst:
»Ruhe bewahren – gelassen bleiben – keine Eile«.

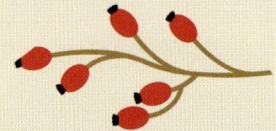

Die wohl schönste Art, achtsam zu sein und sich
zu besinnen, besteht darin zu genießen.
Wann immer du dein Leben genießt, bist du automatisch
auch ganz da, entspannt im Hier und Jetzt, denn Genießen
lässt sich nicht nebenbei erledigen.

———————————

Eine Tasse Tee ...

... oder ein Glühwein, ein paar Plätzchen, warmer Kerzenschein oder eine winterliche Landschaft – es gibt vieles, was du in der Adventszeit genießen kannst.

Eine einfache Möglichkeit, den Kopf zur Ruhe kommen zu lassen, besteht darin, die Sinne zu öffnen. Rieche, schmecke, schaue, horche und spüre, was die Adventszeit dir zu bieten hat. Sorge für eine friedliche Atmosphäre und nimm dir Zeit, tief in die Erfahrung des Genießens einzutauchen. Die Zeit, die du dir für dich selbst nimmst, ist die einzige Zeit, in der du wirklich lebendig und ganz bei dir sein kannst.

Der Advent bietet dir jeden Tag die Chance, deine Verabredung mit dem Leben wahrzunehmen – verpasse sie nicht.

Bibliografische Information der Deutschen Nationalbibliothek:
Die Deutsche Nationalbibliothek verzeichnet diese Publikation in der Deutschen Nationalbibliografie. Detaillierte bibliografische Daten sind im Internet über http://d-nb.de abrufbar.

Für Fragen und Anregungen:
info@mvg-verlag.de

1. Auflage 2022
© 2022 by mvg Verlag, ein Imprint der Münchner Verlagsgruppe GmbH
Türkenstraße 89
80799 München
Tel.: 089 651285-0
Fax: 089 652096

ISBN Print 978-3-7474-0468-3

Redaktion: Simone Fischer
Umschlaggestaltung: Manuela Amode
Umschlag- und Innenteilabbildungen: Shutterstock.com/maybealice, Marish
Layout: Manuela Amode
Satz: Christiane Schuster | www.kapazunder.de
Druck: Livonia Print, Riga
Printed in Latvia

— Weitere Informationen zum Verlag finden Sie unter —
www.mvg-verlag.de
Beachten Sie auch unsere weiteren Verlage unter www.m-vg.de

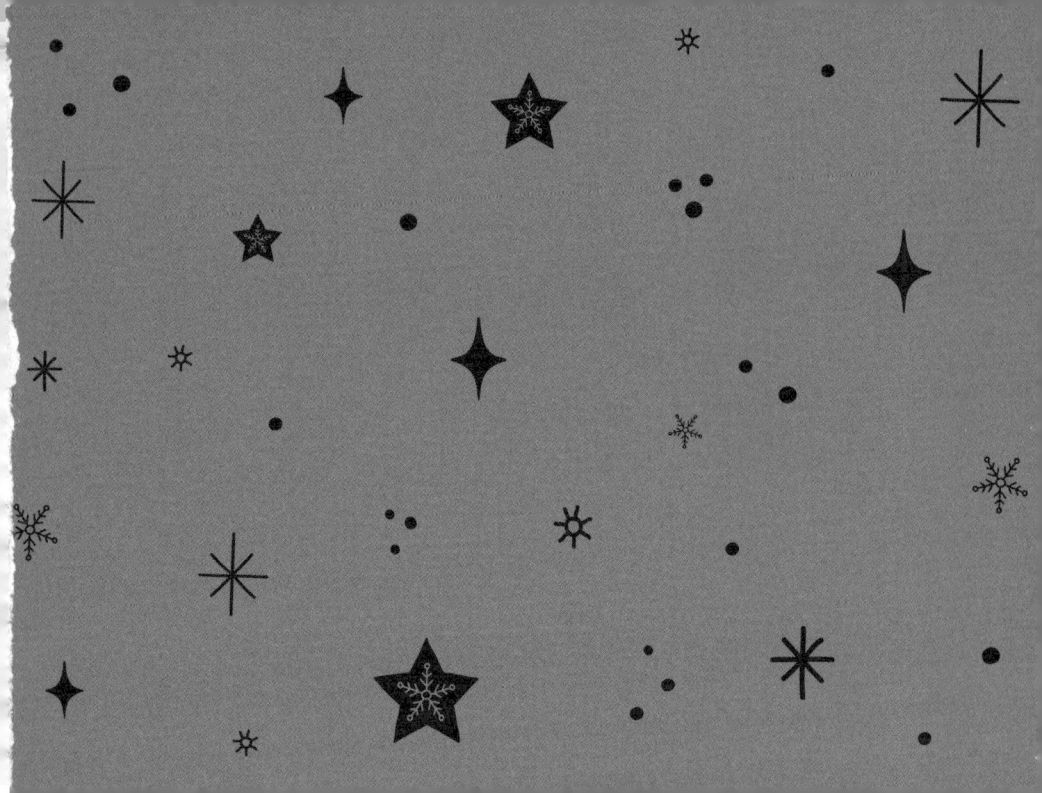